# HVOR TAR PENGENE VEIEN?

# HVOR TAR PENGENE VEIEN?

Konkrete grep for å få
mer ut av pengene

**Dag Rune Flaaten**

HVOR TAR PENGENE VEIEN? | KONKRETE GREP
FOR Å FÅ MER UT AV PENGENE

© 2017 Dag Rune Flaaten

## ANDRE BØKER

Dag Rune Flaaten har skrevet en rekke bøker om Klagehjelp, der han forteller historien til selskapet han etablerte i 2013.

| | |
|---|---|
| Oppstarten | 2016 |
| Kundene forteller | 2017 |
| Kampen for tilværelsen | 2017 |
| Under skydekket | 2017 |

I sin første bok på engelsk, tar han for seg personlig utvikling innen entreprenørskap og salg.

| | |
|---|---|
| How to sell | 2017 |

# ENGASJEMENT

Denne boken er for deg som ønsker å forbedre økonomien din. Du kan være inne i en tøff periode rent økonomisk, du lurer gjerne på hvor alle pengene tar veien, eller kanskje du bare er ute etter ny input? Det kan være mange grunner til at du plukket opp denne lille boken akkurat nå, men det viktigste er at du er i ferd med å gjøre en svært god investering; du er i ferd med å investere i deg selv.

Det at du setter deg ned og bruker noe tid på å lese gjennom disse sidene, vil forhåpentligvis gi deg noen påminnelser om ting du allerede vet, noen nye hint, eller kanskje til og med ny kunnskap. Vi skal komme litt tilbake til det å investere i seg selv helt avslutningsvis, men før den tid skal vi innom dette med sparing, hvem en skal høre på når det gjelder penger, inntekter og kostnader – hele tiden med eksempler og tips. Meningen er at du skal finne denne boken såpass nyttig, at du velger å komme tilbake til den. Om du finner noen svar, noe som hjelper deg til en bedre hverdag, send meg gjerne en melding:

Facebook: Dag Rune Flaaten
Instagram: #dagruneflaaten
Mail: post@dagruneflaaten.no

# INNHOLD

ANDRE BØKER ........................... vi

ENGASJEMENT ......................... vii

INNHOLD ................................... ix

FORORD .................................... 11

Å SPARE SEG RIK ...................... 15

GODE RÅD ................................. 35

MILLIONLØNN .......................... 45

KOSTNADER .............................. 55

VÆRHANER ............................... 61

JAKTE MULIGHETER ................. 73

DEN BESTE INVESTERINGEN .... 85

# FORORD

Jeg har lenge irritert meg over at vi ikke lærer om økonomi – eller penger – på noe fornuftig vis i skolen. Vi lærer temmelig avanserte formler for alskens finurlige utregninger, men altfor ofte glipper den praktiske forståelsen.

Min første jobb var som kontaktlærer i grunnskolen, men som nyutdannet lærer hadde jeg ingen tanker om at dette med økonomisk forståelse var noe som manglet. Som så mange andre lærere, underviste jeg i de fagene jeg var satt til og sørget for at jeg gjorde så godt jeg kunne.

Da jeg noen år senere jobbet innen finans, ble jeg sjokkert over hvor mange som lot økonomien leve sitt eget liv, uten styring. Folk med millioninntekt kunne være nedsyltet i kredittgjeld og utleggsforretninger, like godt som noen andre. Også som bedriftsleder, har jeg flere ganger erfart at mange ikke skjønner seg helt på dette med penger. Noe av forklaringen er nok at det ikke blir undervist i skolen; om det blir undervist, blir det i alle fall ikke forstått.

Mange av oss går rundt og er bekymret for ting som har med penger å gjøre og en god del av oss innser at vi burde visst mer om hvordan vi best forvalter de pengene vi tjener. Samtidig kan det virke som om folk flest ikke har noen planer for å oppnå en tilværelse der penger ikke lenger er en konstant bekymring. Det kan godt hende dette er en drøm, men uten forståelse for hvordan en når dit, forblir det gjerne kun en drøm.

Selv vokste jeg opp like utenfor Haugesund og om jeg hadde hatt en krystallkule som barn, hadde jeg kanskje siktet meg inn mot oljeindustrien. Mange av de som forsvant den veien, kunne nyte hyggelige rotasjoner og temmelig solide lønninger i en årrekke. Norge er jo et land med god økonomi og innbyggerne tjener i snitt temmelig godt. Vi er privilegerte og har det langt bedre enn de aller fleste her i verden. Dette vet vi temmelig godt og det har blant annet den uheldige effekten at vi er vant med å finne oss i en rekke saker og ting. Da jeg for noen år siden var med på å starte selskapet Klagehjelp, fikk vi føle på at mange nordmenn ikke liker å klage, selv om de har god grunn til det – vi har det jo tross alt så bra, i alle fall om en sammenligner det med hvordan de har det mange andre steder i verden. Om du vil vite mer om Klagehjelp, så er det noen bøker om selskapet på Amazon.com.

Denne boken handler imidlertid ikke om Klagehjelp, men om pengene dine og hvordan du kan få mest mulig utav dem. I det første kapitlet, som handler om sparing, skal vi se på hva en gjennomsnittlig norsk inntekt kan gi deg. Jeg tviler på at du vil satse på en slik tilværelse som jeg skisserer der. Denne boken er for deg som ønsker noe mer, så la oss komme i gang.

# Å SPARE SEG RIK

FRA VI VAR SMÅ, har de fleste av oss fått innprentet viktigheten av måtehold og sparing. En krone spart, er en krone tjent. Så, om en ønsker å oppnå økonomisk frihet, er det da sparing som er løsningen? La oss se på en helt gjennomsnittlig nordmann:

Vi kaller ham Ola. Gjennomsnittslønnen i Norge var i 2016 på hele 43.300 kroner i måneden, så vi lar dette være inntekten hans. Vi forenkler litt og sier at han får 30.000 kroner utbetalt, etter at skatten er trukket fra.

Vi fortsetter å holde det enkelt og sier at Ola er 30 år, barnløs og singel. Han leier en helt grei leilighet og etter leien, TV, internett, mobil og strøm, er han nede i 17.500 kroner.

Han har valgt å ha egen bil for å komme seg til og fra jobb. Ingen ting spesielt, men en helt OK bil. Han nedbetaler billånet temmelig kjapt, så det ryker til sammen 5.000 kroner i måneden på billån, drivstoff, bompenger og parkering. Nå sitter han igjen med 12.500 kroner.

I en anstrengelse for å oppnå tilnærmet evig liv, har Ola bestemt seg for å holde seg i form – han trener minst to ganger i uken ved et lokalt helsestudio. I tillegg har han et visst forhold til hva han spiser. Ola liker både musikk, serier og sport, så han abonnerer på Spotify, Netflix, HBO og TV 2 Sumo. Alt dette koster sitt og etter at alt er betalt, er han nede i 8.000 kroner.

Det som da gjenstår på kostnadssiden, er alt annet. Forsikringer, klær, moro, sparing ... og ferie. 30.000 kroner i året for en to-ukers ferie i sol og varme? Ja, det må han kunne unne seg – han bor tross alt resten av året i 12 grader, vind og regn (i alle fall om han holder til rundt Haugesund, der jeg vokste opp). Fordelt på 12 måneder, tilsvarer dette 2.500 kroner i måneden, så nå er det 5.500 kroner igjen av lønnen.

Ola er temmelig flink når det gjelder forsikringer, klær og annen moro, så hele 4.000 kroner i måneden går til sparing – det er jo nesten 10 prosent av bruttolønnen! Som folk flest, har Ola planer om å gå av med pensjon etter hvert. Han har troen på et langt liv og planlegger å pensjonere seg når han blir 70 år gammel. Det gir ham 40 år på å spare opp penger til alderdommen.

Frem til nå virker det som om Ola nesten utelukkende gjør fornuftige valg, men så var det sparingen. I løpet av de 40 årene, rekker han å spare i overkant av 2,3 millioner kroner – om renten ligger på 1 prosent årlig. Han velger nemlig å spare på bankkonto, da han mener dette er klart tryggest.

*** 

La oss hoppe 40 år frem i tid. Ola bor fortsatt i den samme leiligheten. Han har ikke byttet møbler på 40 år – han satte jo ikke av penger til slikt ... og hva med vaskemaskin, tørketrommel ... og hvor gammel er bilen blitt? Hva om han måtte til legen eller tannlegen i løpet av disse 40 årene? Hva om han traff noen og måtte flytte inn i noe større? Hva om, hva om, hva om..

La oss si at ingen uforutsette ting hadde inntruffet. Vaskemaskinen fungerte fremdeles, bilen var gjennom årene byttet ut i tilsvarende biler; og salgssummen hadde dekket egenandelen ved hver handel.

Han hadde aldri vært hos tannlegen ... han hadde sine 2,3 millioner intakt.

Ved fylte 70 år, gikk Ola av med pensjon og begynte å motta lønn fra Folketrygden. Denne utgjorde rundt halvparten av inntekten han hadde da han jobbet. Om han skulle være så heldig å leve til han ble 90 år gammel, ville de oppsparte 2,3 millionene kunne spe på inntekten med rundt 9.500 kroner måneden – men inntekten hadde nettopp falt med over 20.000 kroner i måneden ... han sparte i 40 år, bare for å ha mindre å rutte de siste 20 årene, mens han brukte opp hver eneste oppsparte krone? Det var ikke så farlig om han ikke hadde noe igjen til slutt – han hadde jo ingen arvinger likevel..

Det er vel temmelig åpenbart at Ola ikke valgte den optimale løsningen. Hverken Ola eller noen andre blir formuende av kun å være flink til å spare de siste kronene hver måned – i alle fall ikke om en setter sparepengene på bankkonto. Hvordan skal vi da klare å gi økonomien et løft? Vi bør definitivt lære av hva andre har gjort, men hvem skal vi lære av? Vi ser nærmere på dette i neste kapittel, men la oss først se litt på hva du selv kan gjøre for å rigge deg og din økonomi for sparing; hvert kapittel avsluttes med en "hvordan"-del, en liste med grep du kan ta for å justere økonomien din i ønsket retning.

*\*\**

Eksemplet med Ola er ikke noen eksakt vitenskap, men kun ment som en litt flåsete tankevekker.

Ting om lønnsvekst, jobbskifter, familieforhold, prisstigning og uforutsette hendelser er ikke hensyntatt. En kan hevde at inntekter og kostnader beveger seg mer eller mindre i takt med hverandre, slik at en ender opp med forholdsmessig det samme uansett, men hovedgrunnen til at det ikke er tatt med, er at det ville gjort eksemplet enda mer krøkkete.

## HVORDAN

Er du nedsyltet i all slags dyr gjeld, eller har du full kontroll over økonomien? Hvordan du skal gå frem i forhold til sparing, har svært mye med hvilken situasjon du befinner deg i. La oss derfor ta utgangspunkt i at ikke alt er som det burde og jobbe oss derfra og oppover. Du kan eventuelt skumme deg gjennom denne delen, helt til du kjenner deg igjen.

**Uforutsette utgifter**: Ola i eksemplet over, hadde et liv helt uten uforutsette hendelser – slikt noe finnes ikke i virkeligheten. Rett som det er, opplever vi at det dukker opp utgifter vi ikke hadde planlagt for. Om en da ikke allerede har en oppspart reserve, må en gjerne gå ned i levestandard mens en henter seg inn igjen. Andre velger kanskje å ta kostnaden på kredittkortet, eller de ordner seg et lite forbrukslån. Det er jo så enkelt og det vrimler av tilbud om kjøp på kreditt.

Det er ingen garanti for at uforutsette utgifter kommer alene og at den neste lar vente på seg, til ting er ordnet og du er på plass igjen økonomisk. Dersom det er en viss risiko for at slike overraskelser kan slå beina under deg, er det her en må begynne. La oss se på hvordan en rigger økonomien for å tåle disse uforutsette utgiftene:

**Kreditt**: Det er svært lett å opparbeide seg kredittkortgjeld. Dersom du har handlet på kredittkortet, uten å tilbakebetale hele beløpet innen første forfall, løper det renter. Du har nå et lån med veldig høy rente.

Flere av oss har opptil flere kredittkort og om de brukes riktig, kan de være nyttige og faktisk lønnsomme. Grunnen til at de i det hele tatt finnes, er selvsagt at de som oftest er svært lønnsomme for utstederne – kredittkortselskapene og bankene som står bak. Det er fryktelig lett å handle litt over evne – altså bruke mer enn hva du strengt tatt burde.

Det er helt uaktuelt å spare på noe som helst annet vis, før en har kvittet seg med all kredittkortgjeld. Til og med det å spare seg opp en buffer er meningsløst så lenge en har kreditt. Renten på denne typen lån er langt høyere enn hva du kan forvente deg fra de aller fleste former for sparing. Det hjelper for eksempel lite om du har 15 prosent avkastning på sparingen din, om du betaler 20 prosent på kreditten – da *taper* du 5 prosent på sparingen! Dersom du har kreditt, *må* du velge å betale ned denne først.

Om du skulle befinne deg i en situasjon hvor du sliter med flere kreditter, gjennom ulike tilbydere, kan du faktisk bruke dette som et forhandlingskort.

Denne er tosidig, for du er faktisk nødt til å gjøre noe uansett. Det er ikke slik at kreditten blir borte om du slenger fakturaen i en skuff, bruker den til fyringsved eller noe slikt. Kreditten forsvinner ikke og den kan fullstendig ødelegge økonomien din, om du ikke tar tak i den. Det første å gjøre i en slik situasjon, er å kontakte alle de selskapene du skylder penger. Dersom du legger kortene på bordet og forteller dem om de ulike lånene du har, men samtidig ber om hjelp til å finne en god løsning og sette opp en nedbetalingsplan, vil de normalt være imøtekommende. Dette kan kanskje virke noe merkelig, men det er tross alt bedre for kredittselskapene at du betaler ned kreditten litt saktere enn opprinnelig avtalt, enn at du velger å fokusere kun på kreditter fra de andre aktørene ... eller at du prøver å overse det faktum at økonomien din er på randen av kollaps.

Det kan til og med hende at de kan gå med på å redusere selve lånebeløpet. Dersom de ulike kredittselskapene samlet sett har latt deg gape over mer lån enn økonomien din er i stand til å tåle, er det faktisk slik at også *de* har et ansvar. Nå har du og kredittselskapene en felles interesse i at du klarer deg og unngår personlig konkurs – da risikerer de å ikke få noe som helst. De har latt deg opparbeide deg alt for mye gjeld og nå har de altså interesse av å få deg på rett kjøl igjen.

Begynn derfor med å ringe dem. Send e-poster, skriv brev – gjør hva du kan for å komme i dialog med dem, for å få ryddet opp i det hele.

Dersom du har boliglån, har du sikret deg en viktig partner i arbeidet med å få ryddet opp; kredittene setter nemlig betalingen av boliglånet i fare – og boliglånet er vanligvis det aller største lånet. Dermed kan det godt hende at banken er positiv til å innlemme hele, eller i det minste deler av, kreditten i boliglånet. Rent pengemessig er det jo nettopp banken som har mest å tape på om ting går helt skeis – bortsett fra deg selv da.

Dersom du ikke har egen bolig, vil det – siden renten på forbrukslån normalt er lavere enn renten på kredittkort – svare seg å gjøre om kreditten til et forbrukslån.

Du kan også kontakte NAV – de har ulike støtteordninger og folk som kan hjelpe. Det kan også tenkes at Forbrukerrådet kan bidra; de er på forbrukerens side og kan trå inn og hjelpe deg, eller peke deg i riktig retning.

Om du ikke kommer noen vei med noen av disse, kan du selvsagt ta kontakt med Klagehjelp (kontakt@ klagehjelp.no). Jeg har vært med på å bygge dette selskapet og vet at de hjelper der de mener seg skikket til det; selv om det er hjelp til å komme seg ut av en knipe og ikke en ren klagesak.

**Forbrukslån**: Den nest viktigste spareformen, etter fjerning av kreditt, er å kvitte seg med forbrukslån. Forbrukslån og kredittkortgjeld har mange likhetstrekk, ikke minst de høye rentene – derfor er det om å gjøre å kvitte seg med slike lån så fort som mulig, samt gjøre hva en kan for å unngå å ta opp slike lån i fremtiden.

Om en allerede har opparbeidet seg ett eller flere forbrukslån, har en flere muligheter.

- Det beste hadde vært å få innlemmet dem, eller i alle fall flest mulig av dem, i boliglånet – dette forutsetter imidlertid at du har egen bolig og at du har rom for å øke lånet.

- En kan også velge å fokusere på å kvitte seg med de minste lånene først, i rekkefølge fra minst, nest minst, tredje minst og så videre – også dette vil dra ned de månedlige utgiftene.
- En tredje variant kan være å sjekke muligheten for å få samlet alle sammen i ett større.

Om du har forbrukslån, gjelder det samme som for kreditt; de du har lånt penger av, kan ha en viss interesse av å hjelpe deg. For eksempel, om de har latt deg gape over for mye, har de et ikke ubetydelig ansvar. Forbrukslånene er blitt innvilget av utstederne. Det er greit at du har søkt om dem, men de har godkjent dem.

Om har vært litt for ivrige og godkjent mer enn de burde, men ikke tilbyr seg å bidra til å få ryddet opp i uføret, kan det godt hende at for eksempel Finansklagenemnda kan trå inn og bistå. De kan gå inn og anbefale motpartene dine i å bidra til at ting blir bedre, eksempelvis ved å foreslå at de blir litt lempelige i forhold til tilbakebetalingen. Det er absolutt ingen selvfølge at noen trer inn for å bistå, men i arbeidet med å få ryddet opp, bør en ikke la noen muligheter være uprøvd.

Som nevnt er kredittkortgjeld den verste formen for lån. Den må derfor fjernes først. Den nest verste låneformen er forbrukslån, så det neste trinnet på veien mot en fornuftig sparing, er derfor å fjerne disse. Det kan ta lang tid å få ryddet opp i disse tingene, men underveis i prosessen, vil du merke at ting lysner.

**Justere boliglånsrenten**: Når kredittkortgjeld og forbrukslån er borte, fremstår man som en tryggere kunde for banken. Kunder med flere dyre lån er mer risikable, derfor krever bankene stort sett høyere rente fra disse, selv på boliglån. Om du har fått unna de dyre lånene, er det dermed tid for å forhandle ned boliglånsrenten.

Det fungerer stort sett slik at det er visse nivå, som for eksempel 75 prosent belåning, som gjør at du kan oppnå lavere rente og dermed rimeligere lån. I dag bør renten ligge på rundt 2 prosent, men dette svinger i takt med verdensøkonomien og annet. Dersom renten på lånet ditt er høyere enn den strengt tatt burde være, ta en runde med banken for å finne ut hva som skal til for å få justert den ned. Ta gjerne også en sjekk med et par andre banker. Det kan jo tenkes at det finnes andre banker der ute, som er interessert i å ha deg som kunde og som derfor vil tilby deg bedre betingelser enn din eksisterende bank. Vanligvis er det også slik at din nåværende bank ikke har noe ønske om å miste deg. Om du har fått et bedre tilbud fra en annen bank, kan det derfor godt hende at din nåværende bank tilbyr seg å matche dette tilbudet – kanskje til og med underby det en smule – bare for å få beholde deg som kunde.

**Buffer**: Hittil har vi kun fokusert på hvordan en skal hente seg inn igjen, men når kreditter og forbrukslån er ute av bildet, er det klart for å fokusere på å komme seg i forkant.

Det er tid for å få på plass en buffer. Bufferen er et beløp du setter til side, for å kunne ta unna fremtidige uforutsette utgifter etter hvert som de måtte komme, uten å måtte ty til kreditter og forbrukslån. Størrelsen på bufferen avhenger stort sett av inntekten din. De fleste av oss legger opp forbruket i forhold til hva vi tjener og mange bruker opp stort sett alt hver måned. Jo høyere inntekt, jo dyrere biler, vaskemaskiner, kjøleskap og så videre. En god regel vil være å spare opp en buffer på 2-3 månedslønner.

Ikke ha disse pengene stående på lønnskontoen din, men på en egen konto. Dette er bufferen din, reserven – ikke bruk den på alt mulig tull, men kun til viktige, uforutsette utgifter … som når vaskemaskinen ryker, bilen må på verksted etc.

En får på plass bufferen, slik at en skal unngå å opparbeide seg ny kredittkortgjeld og nye forbrukslån. Disse lånene rett og slett så dyre, at de må unngås.

Derfor er det også viktig å fylle opp igjen på bufferen, etter at en har måttet benytte seg av den. Etter hvert som inntekten forhåpentligvis øker, bør også bufferen økes i forhold til dette.

For de med variabel lønn, bør bufferen gjerne tilsvare 2-3 gode månedslønner. Kanskje også enda mer, slik at bufferen kan brukes til å spe på litt i måneder hvor det skulle knipe.

Om du skulle være en notorisk dårlig sparer, kan du vurdere å sette bufferen på en konto som kun kan tappes med aksept fra en betrodd person. Det kan være samboeren din, søsteren din, en onkel, en kamerat. Dette er ikke en ønsket situasjon, men om grunnen til at du ikke har en buffer er at du faktisk ikke er i stand til å la være å bruke hver en krone du har tilgang på, bør du gjøre noe med dette.

Kanskje kan arbeidsgiveren din utbetale deler av lønnen til en konto du ikke kan tappe på egenhånd? Kanskje bør du klippe alle kredittkort, så snart du er kommet ovenpå? Du kjenner situasjonen din best, så gjør de tilpasningene du finner nødvendig.

**Billån**: Det neste på listen, vil nå være å ta fatt på billånet. Det er ikke noe poeng i å spare opp annet enn en buffer, om en har billån. Renten på billånet er garantert og temmelig høy. Om en skal ha garantert rente på sparepengene, blir denne stort sett lavere enn renten på billånet – dermed blir det mer fornuftig å betale ned billånet enn å spare på annet vis.

Når en får på plass et billån, avtaler en gjerne at det skal nedbetales på 3, 5 eller 7 år. Om en har mulighet til å betale det ned raskere, er det fritt frem å betale ned ekstra. Det er kanskje ikke så mange som gjør dette, men dette er en langt bedre spareform enn å spare på konto.

**Endelig klart for sparing**: Da er det endelig klart for det folk flest forbinder med sparing. En økonomi uten kreditter og forbrukslån, der bufferen er på plass for å ta det uforutsette og eventuelle andre lån, som boliglån og billån, er håndtert ... en slik økonomi gir muligheter for en rekke spareformer.

Selv om jeg har fartstid fra finans, har jeg nå i årevis vært engasjert i å hjelpe bankkunder og andre med å få tilbake penger som er blitt tapt på mislykkede investeringer. Det finnes et hav av muligheter for sparing og investering, men i denne boken er fokuset på *hvorfor* og *hvordan* en bør spare, ikke på hva en bør spare i.

En begynner i det små, med månedlige innskudd i den spareformen du velger. Størrelsen på det månedlige sparebeløpet, begrenses av hvor mye du har igjen etter at alle de løpende utgiftene er håndtert. Vi kommer tilbake til dette i kapitlet om kostnader, men sett gjerne sparebeløpet så høyt som mulig.

Det mest fornuftige vil være å arrangere det slik at sparingen trekkes fra lønnskontoen din den dagen lønnen kommer inn. På den måten unngår du å bli fristet til å bruke sparepengene på annet. Sparebeløpet kan når som helst justeres, for eksempel om du skulle få en lønnsøkning eller annet.

Det meste av det du kommer til å investere i, om det er fond, aksjer, kryptovaluta eller annet, vil være i bevegelse. En skulle kanskje ønske at en var i besittelse av en velfungerende krystallkule, men nettopp det at du gjør månedlige innskudd, sikrer at du får skutt inn friske midler hver underveis, uansett hvordan ting er priset der og da. Stort sett beveger verdens børser seg oppover, selv om de svinger underveis. Månedlige innskudd er derfor et godt alternativ for alle oss uten krystallkule.

Etter at bufferen er på plass, bør en unngå sparing på vanlig konto. Hensyntatt generell prisstigning, gir de så lav rente at du faktisk går i tap på å ha penger stående på dem. Uansett hva du velger, gjør det enkelt, slik at du ikke mister nattesøvn over sparingen.

**Målet med sparingen**: For at noe skal fungere over tid, bør en ha et mål med det hele. En økonomi uten kredittkortgjeld kan være et mål i seg selv, men et bedre mål er kanskje noen av de *mulighetene* en har med en økonomi uten kredittgjeld. Dersom kredittgjelden kostet deg 2.500 kroner i måneden og du nå lar disse pengene gå rett inn i sparing, blir dette 30.000 kroner årlig.

Målet kunne være noe så abstrakt som en tilværelse preget av økonomisk frihet, der du kan gjøre som du vil, uten at det er økonomien som skal være styrende. Konkrete mål er imidlertid ofte de beste, så blink deg gjerne ut noe du ønsker å skaffe deg. Om det er et nytt TV, egen leilighet, en større bolig med utleieenhet, den nye Tesla Model 3, eller hva det måtte være.

Kanskje er det slik at du kunne fått et opprykk på jobben, om du bare hadde fullført en utdanning. I så fall kunne målet være en ny PC, slik at du kunne bruke den til å fullføre utdanningen, for så å være kvalifisert for opprykk. Om en skal blande fornuft inn i det hele, vil det selvsagt være en fordel om målet er noe som vokser i verdi, eller åpner opp for nye inntekter. Om sparingen kunne resultere i høyere inntekt, ville dette åpne opp for enda mer sparing og enda høyere mål i fremtiden.

**Ola**: Hva var det så Ola gjorde feil, eller hva kunne han med fordel ha gjort annerledes? Utgangspunktet hans var jo temmelig gunstig; ingen kreditter og ingen forbrukslån – han sparte jo faktisk hele 4.000 kroner i måneden. Det er langt mer enn mange av oss andre.

Ifølge punktene over, burde han ha fått på plass en buffer og nedbetalt billånet, før han begynte å spare. Han var jo heldig, i og med at det aldri skjedde noe uforutsett, men dette kunne han ikke vite – derfor burde han hatt en buffer.

Så snart billånet var nedbetalt, ville han ikke hatt 4.000 kroner til sparing, men gjerne 7 – 8.000 kroner. Uten billån, kunne han i løpet av rimelig tid ha spart opp egenkapital til en rimelig leilighet. Hva om han så hadde leid ut deler av leiligheten, enten via Airbnb eller på annet vis? På denne måten kunne han brukt leiligheten til å høyne inntekten sin, for så å ha enda mer til sparing. Etter hvert kunne han kanskje skiftet ut leiligheten i en bolig med utleiedel, eventuelt blitt boende i leiligheten, men investert i en ren utleieleilighet? Han kunne selvsagt også investert i fond, aksjer, kryptovaluta og en hel rekke andre ting – poenget er at Ola kunne oppnådd mye mer, bare ved å forvalte pengene sine litt annerledes. Det var de samme pengene, han hadde det samme forbruket, han bare styrte de siste 4.000 kronene annerledes. Hva om han også kunne gjort noe på kostnadssiden, for ikke å snakke om på inntektssiden? Vi kommer tilbake til dette senere i boken.

## GODE RÅD

Det er ikke vanskelig å få råd og vink om hvordan en skal forholde seg til penger. Venner og familie, kollegaer og andre, de deler gladelig sine tanker – men hvem skal en egentlig høre på?

Om du går på helsestudioet og ønsker å bygge en sunn og sterk kropp, vil du etter hvert oppdage at de fleste av dem som går der, kun er innom iblant. Mandager og fredager er populære dager – mandagen kanskje på grunn av dårlig samvittighet etter helgens utskeielser, fredagen for å preppe seg for kvelden. Sesongmessig er ukene før sommerferien og etter juleferien populære. Om du gikk til helsestudioet med mål om å bygge en sunn og sterk kropp, ville du da spurt noen av disse om råd?

Om du er der over tid, vil du legge merke til at temmelig mange av dem som går der, faktisk ikke har særlig fremgang. Enkelte benytter seg trolig av ikke helt lovlige tilskudd, for å bygge sommerkroppen på rekordtid, bare for å oppleve at den forsvinner så snart ferien er over.

Du finner imidlertid noen som jobber systematisk, over tid og har et helt bevisst forhold til hva de holder på med. De er der nesten daglig og de har helt bestemte øvelser de gjør i kombinasjon med andre, gjerne med utskiftning av programmene med jevne mellomrom. De er gjerne opptatt av ting som kosthold, restitusjon, søvn og annet som virker inn på treningsutbyttet. Det er selvsagt disse du ønsker å lære av – de som vet hva de holder på med. Det er imidlertid langt fra sikkert at disse er de første til å oppsøke deg, for å hjelpe deg i gang. De er der for å få utrettet noe og er stort sett oppslukt av sin egen trening, men om du kontakter dem, er de trolig mer enn villige til å dele av sin kunnskap.

Det kan være fristende å prøve å kopiere det de driver med, men det kan jo tenkes at du bør begynne et annet sted, for å klargjøre kroppen for trening på det nivået hvor de befinner seg. Kanskje bør du gå i gang med noen basisøvelser, for å bygge kjerne – og støttemuskulatur, eller kanskje er det noe annet de anbefaler deg å starte med. De vil trolig anbefale deg å starte der de selv ville startet, om de skulle begynne på nytt. Du kan få tappe inn i deres erfaring og gjøre det de i dag mener vil være den beste fremgangsmåten for en på ditt nivå. Dette kan spare deg for mange skader og feilskjær og føre deg raskere frem mot det nivået de selv befinner seg på i dag.

Det å finne ut hvem en bør lære av på gymmen er i grunnen ikke så vanskelig, men hvorfor er det da så lett for oss å ta imot pengeråd fra personer som åpenbart ikke har mer enn folk flest? Burde vi ikke søke etter læremestre som virkelig visste hva de snakket om? I forrige kapittel så vi på Ola, som tjente helt gjennomsnittlig. Det var en rekke ting han kunne ha gjort annerledes, for å få mer ut av pengene sine. All den tid han ikke gjorde disse tingene, har han ikke så mye å lære fra seg. Som gammel og grå kunne han gitt deg noen råd om hva du *ikke* burde gjøre, men det hjelper ikke stort – det hadde vært mye bedre å få råd om hva du *burde* gjøre.

Det vanligste er at vi arver tankene om økonomi fra familien og de vi har rundt oss i det daglige, men har de den kunnskapen du trenger? Du kan selvsagt være så heldig at du har pengeflinke folk i familien eller omgangskretsen din – da har du lettere tilgang til kunnskap enn de fleste.

De som ikke er like heldige, har heldigvis rikelig med hjelpemidler, de også – blant annet bøker. Før du velger ut hvilke bøker du skal lese, svarer det seg å gjøre noen undersøkelser. Ta noen søk for å finne ut av hvem forfatterne er og hva de har prestert her i livet. Du vil jo lære av noen som vet hva de snakker om, så dette er vel anvendt tid.

Om du ikke har noen pengeflinke i din egen omgangskrets, har du kanskje noen bekjente av noen bekjente? Det skader ikke å forsøke å nærme seg disse; som på gymmen, kan det jo tenkes at de mer enn gjerne deler av sin kunnskap.

Hensikten med å søke etter læremestre, er at du skal slippe å måtte gjøre alle feilene på egenhånd. Du ønsker noen som kan lose deg gjennom ukjent farvann. Vi lever i en digital verden, så geografisk nærhet er ikke så viktig – det viktigste er at du finner frem til noen som du ønsker å lære av, noen som virkelig gjør det bra og som du samtidig ønsker å identifisere deg med. Grav deg så ned i hva de gjør annerledes enn andre. Hvordan begynte de, hva fokuserer de på?

For noen år siden var det så populært å ha en coach innen lederyrker. De senere årene er det blitt mer vanlig å ha en coach på helsestudioet – en personlig trener. Vi bruker penger over en lav sko på alle slags trenere, men vi engasjerer sjelden noen for å lære oss å bli flinke med penger. Selv har jeg et knippe læremestre på økonomi. Jeg tviler på om noen av dem vet at de er læremestrene mine – det skal mye til for at de i det hele tatt vet at jeg eksisterer. Som nevnt, vi lever i en digital verden og svært mye kunnskap er tilgjengelig, om vi barer engasjerer oss ørlite for å få fatt i den.

Mange av dem som gjør det godt, bruker også mye av tiden sin på å dele det de vet med andre. Dermed kan du få mye god guiding og rådgivning uten å bruke en krone på det – men du må bruke tid og energi. Tenk på all den tiden som ødsles på Facebook, Netflix og den slags – om vi bare kutter litt ned på noe av den meningsløse tiden vi tilbringer på en rekke aktiviteter i det daglige, får vi fristilt tid til annet. Om vi ønsker å forbedre oss på økonomi og faktisk bestemmer oss for å gjøre noe med det, ja da er det bare å sette av tid og ressurser for å få utrettet det vi ønsker. Skjær litt ned på tiden som brukes til underholdning og erstatt den med tid du bruker på læring – det er temmelig tilfredsstillende å oppleve at en behersker ting bedre enn før og at en får det romsligere pengemessig, så om du glipper den umiddelbare og kortvarige gleden av underholdning, oppnår du gjerne en varig glede av å ha tilegnet deg ny kunnskap og viten. Dette er noe du vil ha glede av resten av livet, så sett av tid til det.

## HVORDAN

**Å finne en læremester**: For at du skal få høyest mulig utbytte av læringen, bør den være så godt tilpasset din situasjon som mulig. Det er derfor ikke tilstrekkelig å finne frem til noen som er pengeflinke – de bør i tillegg kunne lære ifra seg.

Det som passer for én, passer ikke nødvendigvis for en annen, så det kan være fornuftig å forholde seg til flere læremestre samtidig. Du vil jo ikke ende opp som en kopi av noen av dem, men lære noe her og noe der, slik at det passer inn med hvem du ønsker å være og hva du ønsker å fokusere på.

Om du tar en tur innom aviser som www.dn.no og www.e24.no iblant, står det nesten daglig artikler om folk som har lykkes. Dersom du googler litt på disse personene, kommer du gjerne over litt ekstra informasjon og om du leser artiklene, vil du etter hvert se at det er en del ting som gjentar seg:

- De leser gjerne bøker for å lære, i stedet for å lese kun for underholdningens del.
- De jobber gjerne flere timer enn folk flest.
- De tar som oftest utgangspunkt i den situasjonen de befinner seg i.
- De er fokuserte, har klare mål for hva de vil oppnå og er fast bestemte på å nå dit.
- De er ikke redde for å gå egne veier.
- De reiser seg igjen etter nederlag.

Fellestrekk for suksessrike personer er ikke en garantert oppskrift for suksess, men forsøk gjerne å tilegne deg flest mulig av disse egenskapene likevel. Dette er noe som åpenbart fungerer for dem, så det kan gjerne være gunstig også for deg.

Vær kresen når du velger hvem du vil lære av. Finn frem til personer du fatter spesiell interesse for. Kanskje står de for noe du verdsetter, eller de jobber innen et fagfelt du liker spesielt godt. Det betyr ikke noe om de vet hvem du er eller ikke – du trenger ikke omgås dem, for å lære av dem. Du velger selv hvor mange læremestre du vil ha og hvor lenge de fortjener den tittelen. Dette handler om deg, ikke dem.

**Råd fra omgivelsene**: Det er ikke til å unngå at de rundt deg vil mene noe om det du holder på med. De mener noe om det meste ved deg allerede, men om du begynner å håndtere økonomien din annerledes enn tidligere, vil dette tiltrekke seg oppmerksomhet ... og dermed en mengde råd og vink. Du kan jo være så heldig at omgivelsene dine verdsetter det du gjør, men vær forberedt på at dette ikke trenger å være tilfelle. Så snart du begynner å gjøre noe annerledes enn hva du tidligere har gjort, gjør du trolig noe annerledes enn det de rundt deg fremdeles holder på med. Dermed kan det godt hende at de ønsker å guide deg tilbake til normalen – det som alle andre gjør. Det trenger imidlertid ikke være bra, bare fordi at alle andre gjør det.

Det er ikke til å unngå at rådene kommer, men du velger selv hvilke råd du tar til deg. Om du allerede har tatt noen bevisste valg med tanke på hvem du har som læremester, bør det gå temmelig greit å håndtere denne støyen. Det er ikke slik at en ikke skal høre på de rundt seg, en må bare være bevisst på hva en tar til seg og ikke.

# MILLIONLØNN

MANGE DRØMMER OM MILLIONLØNN og det er ingen ting i veien med det. Høy inntekt åpner for mange muligheter, både for deg og de rundt deg, så la oss bryte det ned og se på hva som skal til for å tjene 1 million kroner.

Fordelt på 12 måneder, blir dette 83.333 kroner i måneden. Med et snitt på 21 arbeidsdager i måneden, blir det 3.968 kroner per arbeidsdag. Om du jobber 8-timers dag – 7 ½ time fratrukket lunsj – tilsvarer dette 529 kroner per time.

La oss begynne med et litt sært eksempel og si at jobben din er å stå på en stand på et kjøpesenter og tilby tre ulike produkter til forbipasserende. Produktene er nyttige og du vet at folk flest kan ha bruk for dem. Det ene produktet gir 800 kroner i lønn, det andre gir 400 kroner, mens det tredje produktet gir 50 kroner i lønn.

Du jobber 8-timers dag, så du må tjene 3.968 kroner per arbeidsdag for å få landet millionen. Om du i løpet av arbeidsdagen selger 5 produkter som gir 800 kroner i lønn, tjener du 4.000 kroner daglig. Da er du i mål.

Om du selger ett av produktene som gir 400 kroner i lønn og tre av de som gir 50 kroner, tjener du 550 kroner i timen, eller 4.125 kroner dagen. Igjen, du har millionlønnen din.

Hva om du kun får solgt ett av de produktene som gir 400 kroner i timen? Da må du holde ut i 10 timer for å nå målet. Om du trenger 10 timer daglig over tid, bør du finne ut hva du kan gjøre annerledes for å nå målet raskere. Det er ingen ting i veien med å stå på litt ekstra for å nå målet og forutsatt at senteret er lørdagsåpent, kan du iblant velge å jobbe lørdagen også.

En kommer stort sett ingen vei uten innsats og om en skal lykkes bedre enn tidligere, må en som regel legge inn ekstra innsats for å nå dit – den vanlige innsatsen er jo det som skal til for å holde deg der du er. Når du har satt deg et mål, er det viktig å gjøre det som skal til for å nå det – det ser i alle fall ut til at dette er et fellestrekk blant de som lykkes i livet, om det er innen idrett, musikk, salg eller annet.

Du kan be om å få arbeide utover normal arbeidstid, du kan trene – ikke nødvendigvis på helsestudio, men trene deg i de ferdighetene som må til for å kunne prestere bedre i den jobben du har. Du trenger nødvendigvis ikke skifte jobb for å gå opp i lønn, det kan godt hende det finnes muligheter der du allerede er. Det er viktig å venne seg til å se etter slike muligheter. Kanskje kan du foreslå nye produkter og tjenester? Dette ville gagne både kundene, deg, kollegene dine og bedriften din.

Hva om du tar et nettstudie utenom arbeidstid, for å opparbeide deg en kompetanse du vet er verdifull for arbeidsgiveren din? Dette ville være et godt forhandlingskort ved neste lønnsjustering.

Har du et ledig rom du kan leie ut via Airbnb? Eller enda bedre – hva om du kunne organisere utleie av ledige rom for foreldrene dine, en onkel og to tanter i tillegg til ditt eget?

Det er begrenset hvor mye du kan redusere levekostnadene dine med, men inntektene ... der er det stort rom for forbedring og ved å være åpen for og på jakt etter muligheter, vil du over tid kunne få til svært mye på inntektssiden.

## HVORDAN

**Innsats**: Svært mye har med innsats å gjøre. Om en ikke gjør en ekstra innsats for å endre situasjonen en er i, hvordan kan en da forvente en endring? Det handler om at man tar ansvar for situasjonen sin, eller økonomien sin, og gjør målrettede tiltak for å endre den i ønsket retning. Ting er stort sett alltid i bevegelse og markedet, rammevilkår og annet endres over tid. Om det ikke er du som er årsaken til en endring, skal det veldig mye til for at endringen er i henhold til dine ønsker og at den innebærer noen forbedring av situasjonen din.

I boken «How to sell», har jeg gått nærmere inn på hvordan du kan lykkes bedre. Boken fokuserer på salg og entreprenørskap, men det aller meste som tas opp der, vil også være nyttig innen en rekke andre yrker. Du finner den ved å søke etter «Dag Rune Flaaten How to sell» på Amazon.com.

De fleste arbeidsgivere vil være interessert i arbeidstakere som gjør en ekstra innsats og som bidrar mer enn snittet. Det er et gammelt ordtak som heter gi så skal du få ... som regel er det slik at du må gi først, for å få i etterkant – det er ikke annet enn rett og rimelig. Du kan mene du er så og så briljant, men det er først når dette omsettes i handling at det gir verdi for andre.

**Tiltak**: La oss ta fatt i salgsjobben vi så på ovenfor, der du solgte tre ulike produkter fra en stand på et kjøpesenter. Det er en rekke tiltak du kunne gjort, for å øke antallet salg og dermed din egen inntekt.

Vi sier at du hadde 250.000 kroner i inntekt på salgsjobben. Hva om du hadde fått med deg enda en person, som jobbet utfra den samme standen som deg? Om du hadde ansvar for on-the-job-training for den nye kollegaen din, kunne det tenkes at du fikk for eksempel 20 prosent av lønnen til vedkommende. Dersom dere var nøyaktig like flinke, hadde du nettopp øket inntekten din med 20 prosent, eller 50.000 kroner i året.

Hva om du kunne hatt to stander på det samme kjøpesenteret, med to personer på hver stand? Med samme løsning som over, hadde du nå øket lønnen med 100.000 kroner til. Lønnen din var nå steget fra 250.000 kroner til 400.000 kroner.

Hva så om det fantes 5 andre kjøpesentre innenfor få minutters kjøring og du kunne hatt to stander på hvert av disse, med to personer på hver stand? Du ville, om samtlige var like flinke som de du allerede hadde fått med deg, øket den opprinnelige inntekten din med 80 prosent, eller 200.000 kroner, for hvert kjøpesenter. Med to stander på hvert av disse 5 kjøpesentrene, hadde du øket inntekten med 1 million kroner. Dette var i tillegg til de 400.000 kronene du tjente på det kjøpesenteret hvor du selv solgte. Til sammen gir dette 1,4 millioner kroner i inntekt.

Hva så om dere alle ble flinkere i jobben? Hva om dere kunne komme opp med et fjerde produkt eller hva om dere kunne satt opp stander på kjøpesentre i andre byer også?

Om du ikke hadde noen under deg i systemet, men du stod der på standen alene ... hva om du gikk fra å selge 5 stykker av produktet som ga 800 kroner i lønn hver dag, til å selge 6 stykker av det samme produktet? Det ville løftet inntekten din slik at den passerte 1,2 millioner kroner!

Hva om du kunne nå ut til nye kunder via sosiale medier, eller på annet vis gjøre det mulig for folk å handle av deg, uten at de fysisk møtte deg eller snakket med deg?

Hva om du kunne tilby et tilleggsprodukt – noe mange av kundene dine kunne tenke seg i tillegg til hovedproduktet? Hva om kundene dine kunne abonnere på en eller annen tjeneste? Kunne du finne en måte å nå ut til gamle kunder på, for å tilby dem nye produkter og tjenester?

Det finnes et hav av muligheter for å øke inntekten. Ikke alle jobber åpner for akkurat de mulighetene jeg listet opp her, men det finnes alltid muligheter. Felles for de aller fleste av dem, er at de krever innsats.

**Oppsparte midler**: Når du er i gang med sparingen, vil det oppstå nye problemstillinger, sammen med nye muligheter. En av problemstillingene, er at du vil måtte bruke noe tid på forvaltningen av sparepengene. Står de godt der de er plassert, eller bør du flytte på dem? Du har kanskje ikke hatt behov for rådgivning rundt dette tidligere, men nå er dette noe du ønsker å lære om. Om du hadde de riktige læremestrene på gymmen, ville de etter hvert guidet deg over i mer avanserte treningsrutiner. På samme måte er det med pengene dine. Når ting er på stell, er det klart for sparing. Når sparingen begynner å gi resultater, er det klart for forvaltning. Godt forvaltede sparepenger vil gjerne gi bedre eller tryggere avkastning enn en dårligere forvaltning. En kan selvsagt ha flaks og uflaks, men om forvaltningen er basert på kunnskap, vil gjerne ting gå din vei litt oftere enn om forvaltningen er basert på tilfeldigheter.

Kanskje kan du bruke noen av sparepengene på å pusse opp et rom i leiligheten din, for så å leie det ut via Airbnb? Eller kanskje du investerer i en bolig, hvor det er en egen utleiedel? Iblant vil det dukke opp interessante eiendommer for salg, like i nærheten av der du bor. Om de er priset fornuftig og det er et velfungerende utleiemarked i området, vil dette kunne være interessant.

Om du skal flytte sparepenger fra der de er og over i noe nytt, må det være fordi den nye plasseringen trolig vil gi høyere avkastning enn den eksisterende, uten at risikoen går i taket. Det kan også være at sparebeløpet er blitt såpass stort, at du finner det fornuftig å spre pengene på flere investeringer og ikke bare den opprinnelige.

Dersom sparepengene kunne finansiere en utleieenhet, vil dette kunne spe på inntekten din på en veldig hyggelig måte. I tillegg kan du over tid oppleve at utleieenheten vokser i verdi, slik at du tjener penger også der. Kanskje har du en arbeidsgiver som inviterer de ansatte inn på eiersiden? Om selskapet har for vane å betale utbytter, vil du i så fall ha en ekstra motivasjon til å bidra – noe som uansett vil være til din egen fordel.

Vi går ikke videre inn i denne materien her og nå, men kommer litt tilbake til det i kapitlet om muligheter.

# KOSTNADER

TIL SYVENDE OG SIST er det likviditeten, eller tilgjengelige midler, som bestemmer. Vel, det er du som bestemmer, men likviditeten setter begrensninger. For å oppnå høyest mulig likviditet, må en først og fremst øke inntektene, men en må også ha kontroll på kostnadene. Svært mange bedrifter har gått over ende på grunn av manglende kontroll på kostnadssiden. Det er vanligvis dette som ligger bak personlige konkurser også. For å rydde unna noen begrensninger, la oss se litt nærmere på kostnadene.

Nå ville det være nyttig om du skaffet kontoutskrifter for samtlige kontoer du disponerer. For fremtiden er dette en øvelse du bør gjøre én gang i måneden. Sorter kostnadene dine i tre viktighetsgrader:

- Det nødvendige (N)
- Det viktige (V)
- Det unødvendige (U)

Det unødvendige bør du rett og slett kvitte deg med, samme hva det er. Antakelig utgjør dette minst en tredel av listen de første gangene, men etter hvert vil den – om du gjennomfører denne øvelsen – utgjøre en stadig mindre del.

Du er sannsynligvis fullstendig klar over mange av disse utleggene, men noen vil antakelig overraske deg. Dette er typisk forbruksvarer og uvaner – ting du burde kuttet ut uansett. Når du nå ser hvor mye av inntekten din som forsvinner ut i disse slukene, vil gjerne motivasjonen for å kutte dem komme på plass.

Kanskje finner du ut at du spiser for mye på restaurant eller gatekjøkken, kanskje har du for mange fuktige kvelder i løpet av måneden … kanskje du rett og slett lever litt over evne – du er i så fall ikke den første. Ta tak i det og gjør de justeringene du finner nødvendig.

Det vanskeligste å gjøre noe med, er selvsagt uvanene – særlig de som storindustrien har sørget for at skal være vanskelige å kutte, som røyking, snusing, søtsaker … det er mange av dem. Det å kutte noen av disse uvanene innebærer til dels store ubehag og gjerne over tid. Det er ikke vanskelig å tenke at det beste ville være å kutte dem – problemet er bare at det er så vanskelig å gjennomføre. Sørg i alle fall for at du er fullstendig klar over hvordan disse uvanene virker inn på økonomien din. Denne kunnskapen kan bli en viktig faktor for motivasjonen din et stykke frem.

I listen over viktige og nødvendige ting, er det også mulig å gjøre justeringer. Det er for eksempel nødvendig å betale på boliglånet. forsikringene og mobilabonnementet, men det kan godt hende det finnes bedre ordninger enn de du allerede har. Ha som et utgangspunkt at ting er i bevegelse og at en sjekk på betingelser i ny og ne, absolutt er verd å ofre noe tid på. Det er ikke slik at en til stadighet skal gå over disse tingene, men en god regel kan være å ta en årlig sjekk.

Selskapene vet utmerket godt at folk flest er late og ikke gidder å ofre tid på slike ting. Derfor har de også innebygde systemer for å øke prisene over tid, for alle eksisterende kunder. Nye kunder kommer gjerne inn til langt rimeligere betingelser, for så å ta igjen prisnivået til de øvrige kundene i løpet av noen få år. Dette kan du selvsagt utnytte, ved å flytte på deg med et par års mellomrom. Overtagende selskap er normalt svært behjelpelig og vil trolig tilby seg å gjøre det meste av jobben, så det krever ikke den helt store innsatsen fra din side.

Det er også en rekke andre måter å kutte kostnader på. Om du har en handleliste når du går i butikken, vil du komme rimeligere ifra det, enn om du impulshandler på tom mage. Om en handler matvarer én gang i uken, i stedet for hver dag på vei hjem fra jobb ... det er en rekke måter å kutte kostnader på og mange av dem har med oversikt og disiplin å gjøre.

En forutsetning for å kunne foreta seg noe, er imidlertid bevissthet – at en er klar over hvordan det ligger an. Det er derfor denne gjennomgangen av kontoutskriftene er så viktig. Her ser du fasit over hva du faktisk bruker penger på. De første gangene vil det trolig overraske deg hvor pengene tar veien; senere vil kanskje overraskelsen bli erstattet av irritasjon. Etter hvert som du bygge bevissthet rundt eget forbruk, vil du merke at dette virker inn på vanene dine. Gjennomfør derfor denne øvelsen én gang i måneden. Mer tid trenger du ikke bruke på kostnadene

– resten av måneden bør du fokusere på inntekter. Det er der mulighetene ligger. Du kan bare gjøre så og så mye gjennom å kutte i kostnader, mens det knapt finnes begrensninger for hva du kan få til på inntektssiden.

## HVORDAN

**Uvanene**: Selv om det kan virke temmelig opplagt – rent pengemessig – at uvanene må bort, er det ofte lettere sagt enn gjort. Enkelte uvaner er vi fullt klar over og grunnen til at vi fremdeles har dem, er at vi rett og slett ikke har orket eller klart å kvitte oss med dem. Ta for eksempel røyking, snusing, brus, godteri, chips … de fleste av disse tingene er temmelig usunne, men de er også avhengighetsdannende. En må altså mønstre opp en temmelig god porsjon motivasjon for å klare å slutte. Det finnes hjelpemidler, som røykeplaster etc, men det kan jo faktisk tenkes at det hjelper vel så mye å bli fullstendig klar over hva disse uvanene faktisk koster deg. Finn ut, mest mulig eksakt, hva uvanene dine koster deg – ikke som en samlepott, men hver for seg. Tenk på Ola, som sparte 4.000 kroner i måneden i 30 år – du ønsker ikke å ende opp som ham, så du må sørge for at du klarer bedre. Om du har for mange uvaner hengende, er du nødt til å ta tak i dem, slik at du kan komme deg videre.

**Fem minutter**: En gjennomgang av kostnadene dine tar gjerne noe tid de første to-tre gangene, men etter hvert er dette gjort på fem minutter. Om det er flere enn bare deg, om du har en partner, barn – ta med deg resten av husstanden på gjennomgangen. Det er vanskelig å få til en justering om en ikke går i flokk. Hvorfor ta med barna? Nettopp fordi at de på denne måten kan få lære noe om økonomi – noe du kanskje ikke fikk lære selv. Ved å ta barna med på disse tingene, vil de gjerne velge å spare litt av ukepengene, kanskje vil de verdsette leken de fikk litt mer ... de har ingen ting å tape på å få bygget en økonomisk forståelse fra de er små. Det er ikke slik at en skal ta dem inn i betente situasjoner – en må rydde opp i det som ryddes bør, men så snart en er kommet der hvor en har orden i sysakene, vil barna ha godt av å være involvert.

# VÆRHANER

MANGE AV OSS har en iboende trang til å unngå å skille oss ut. Det er om å gjøre å passe inn og dette oppnår vi ved å være mest mulig lik de vi har rundt oss, de som betyr noe for oss. Dette kommer til uttrykk på mange sett og vis – ikke minst når det gjelder forbruk.

Dersom en av dine nære venner tar familien med på en flott ferietur, skal det mye til for at dette ikke kommer opp i en eller flere sammenhenger. Kanskje blir det til og med foreslått at dere kan reise sammen, slik at barna kan kose seg og dere voksne kan nyte tilværelsen mens barna har mer enn nok med hverandre?

Kanskje har du et par kompiser som til stadighet kommer opp med gode forslag på hva dere alle kan finne på sammen? Ting som absolutt er fristende å være med på, men som samtidig koster mer enn hva du egentlig har råd til å ofre på hygge akkurat der og da.

Hva om naboen kommer trillende inn på tunet med ny bil en dag, slik at din egen med ett ser flere år eldre ut der den står parkert rett ved siden av? Selv om du i utgangspunktet ikke hadde noen tanker om å bytte ut bilen, er det ikke særlig oppløftende å ha den nye, flotte bilen til naboen stående like ved siden av din egen – du blir til stadighet minnet på hvor gammel din egen bil er blitt ... og alle kan jo se at naboens bil er mye flottere.

Noen av naboene har kanskje pusset opp i det siste? Det trenger ikke være at de har bygget ny vinterhage eller terrasse; kanskje har de pusset opp stuen eller byttet ut kjøkkenet? Med ett blir du klar over at det er opptil flere justeringer som kunne vært aktuelle også for din egen bolig.

Er du en av de som trives med å følge med på oppussingsprogrammer på TV? Eller kanskje har du noen i vennekretsen som blogger om alle sine prosjekter? Det er slett ikke kostnadsfritt å gi seg i kast med slike vaner.

Hva om kollegene dine har skaffet seg båt, eller enda verre; hytte? Skal du da oppholde deg i de samme lokalene som disse, dag ut og dag inn, og hverken ha båt eller hytte?

Det trenger ikke være så mye som skal til. Det kan være en kompis som fisker opp en flette ny mobil fra lommen i godt lag, slik at du med ett føler at du selv sitter og trykker på en antikvarisk Nokia.

Kanskje har du venner som til stadighet dukker opp i nye klær og følger de til enhver tid gjeldende fargekoder eller sesongvariasjoner? Du har ikke lyst til å være den vennen de henger sammen med, bare for å se enda bedre ut selv.

Om de rundt deg til stadighet flotter seg med nye klær og telefoner, fine biler og flotte turer, er det fort gjort å føle et press om å skaffe seg det samme – bare for å passe inn. Du trenger ikke være den som kommer opp med disse tankene selv – det kan være partneren din, barna dine, venner, familie, kolleger – alle de som betyr noe for deg og som du i utgangspunktet ønsker gjøre til lags. Det kan gi deg en opplevelse av at den eneste måten for deg å passe inn på, er at du tar etter forbruksmønsteret til de rundt deg. Like barn leker best, ikke sant?

Dette er dessverre like uheldig som det er utbredt. Det er dette jeg legger i å være en værhane – en som styres av omgivelsene. Det skal ekstremt mye til for at du og de rundt deg har de samme økonomiske musklene. Det skal også svært mye til for at de rundt deg kun gjør veloverveide innkjøp – de er jo utsatt for akkurat det samme presset som deg. Kanskje lever mange av dem over evne og går en ublid fremtid i møte – har du tenkt på det? Uansett hvordan det forholder seg for de rundt deg, må du sørge for at ditt eget forbruk er basert på fornuft og ikke følelser.

Vi har vært gjennom dette med kostnader og hvordan vi får tatt grep om dem. Vi har sett at inntekter kan økes på mange vis, ikke bare gjennom opprykk og lønnsøkning på jobben. For at du skal slippe å oppføre deg som en værhane, prisgitt omgivelsene dine, bør du ha bestemt deg for hvor du har tenkt deg og ha en plan for hvordan du skal komme deg dit – også økonomisk.

## HVORDAN

Økonomiske mål: For å oppnå noe bestemt, bør du få på plass en plan. Om du ikke har en plan for å oppnå det du ønsker deg, skal det svært mye til for at du når dit. Begynn derfor med å finne ut av hva du egentlig vil. Hva er det du ønsker å oppnå som har med penger å gjøre?

Det kan for eksempel være at du ønsker å slutte å bruke penger på chips og Cola. Du har gått gjennom kontoutskriftene dine og funnet ut at du bruker rundt 750 kroner i måneden på dette. I tillegg til at 750 kroner er en del penger, virker uvanen også til at du blir i dårligere form og du legger på deg. Dermed er klærne begynt å bli trange og det å erstatte de helt brukbare klærne med nye og større, vil koste en hel del. Ved å kutte ut chips og Cola, sparer du altså langt mer enn 750 kroner i måneden – du unngår i tillegg å bruke en hel del penger på nye klær.

Du har funnet ut hva du ønsker å oppnå. Nå må dette begrunnes i ett eller flere hvorfor. Hvorfor er det at du ønsker å slutte med chips og Cola? Jo, du blir i dårligere form, du legger på deg og føler deg mindre attraktiv. I tillegg vil det koste en hel del om du ikke gjør noe, slik at du ender opp med å måtte bytte ut klærne. Det påvirker også energinivået ditt og du opplever at uvanen gjør deg daffere både i jobbsammenheng og på privaten. Dessuten har du barn og du ønsker ikke at også de skal bli vant med å trykke i seg usunne ting. Ikke nok med det – 750 kroner per måned blir hele 9.000 kroner i løpet av et år. Om feriebudsjettet ditt – som kanskje er et av dine andre mål – er på 30.000 kroner, har du oppnådd en nesten tredel av budsjettet bare ved å kutte ut chips og Cola!

Du vet hva du vil og du vet hvorfor. Nå er det på tide å legge en plan for hvordan – hvordan skal du gå frem for å nå målet ditt om å slutte med chips og Cola? Om du ser på kontoutskriftene igjen, finner du kanskje ut at det er bestemte tidspunkt der du pleier å handle inn nettopp chips og Cola. Kunne det hjelpe å sette opp en handleliste og så forholde seg slavisk til den? Er det slik at du har lett for å plukke med deg en Cola på veg til jobb? I så fall kunne du kanskje lagt inn en daglig alarm på mobilen, slik at du 20 minutter før arbeidsdagens start får en påminnelse om at du ikke skal stoppe for å kjøpe deg Cola, men i stedet ta et glass vann når du er fremme på kontoret?

Eller kanskje du burde få påminnelsen enda litt tidligere, for eksempel like før du pleier å reise hjemmefra om morgenen, om å ta deg et glass kaldt vann før du forlater hjemmet? Er det slik at du pleier å handle på veg hjem fra jobb? I så fall kunne du sørge for at du fikk en påminnelse på den tiden der du vanligvis nærmer deg butikken, slik at du lettere unngår å falle for fristelsen. Kanskje kunne du spare en hel del på innkjøpene ved å begynne å handle etter et måltid, i stedet for å handle på tom mage? Da ville heller ikke sukkersuget være like sterkt.

I eksemplene over la vi også inn visse tidspunkt, slik at du enklere skulle oppnå målet om å unngå fristelsen til å bruke penger på noe du egentlig ønsker å unngå. Det er nettopp slik vi bør jobbe med mål. Når du har funnet ut hva det er du egentlig ønsker å oppnå, bør dette befestes ved at du finner ut av hvorfor du ønsker å oppnå akkurat disse tingene. Det neste er å finne ut hvordan du kan gå frem for å nå dit. Så snart du har et hva, et hvorfor og et hvordan, da bør du bestemme deg for når du ønsker å oppnå dette – sett et tidspunkt, slik at du har noe helt konkret å strekke deg etter.

I boken "How to Sell", har jeg skrevet en del om det med å sette seg smarte mål. Kort oppsummert, går det ut på at målene dine bør være **S**pecific, **M**easurable, **A**chievable, **R**elevant og **T**ime-bound – eller spesifikke, målbare, oppnåelige, relevante og tidsbestemte.

Selv om konteksten i "How to Sell" er salg, kan du anvende det som står om målsetting på de fleste områder i livet. Akkurat den delen som går på mål, hjelper deg å stake ut en kurs, slik at du unngår å bli dratt inn i alle slags forbruksvaner som på ingen måte passer inn i din økonomi eller dine planer for fremtiden.

**Budsjett**: Budsjett er gjerne noe vi forbinder med bedrifter og økonomer. Et budsjett er egentlig bare en plan for hvordan økonomien vil se ut fremover i tid; hvilke inntekter og utgifter en har å forholde seg til. Et budsjett hjelper deg å finne ut når og hvordan du kan oppnå det du ønsker å oppnå.

De fleste nettbanker har tjenester for at vi kan få satt opp et budsjett og mange av oss har kanskje forsøkt å trykke oss gjennom veiviseren et par ganger. Et av problemene er at det er så innmari kjedelig å grave

Ved å sette opp et budsjett for hvordan kostnadene dine skal være fremover i tid, vil du kunne styre økonomien din bedre og lettere kunne nå dit du ønsker. Det er faktisk helt absurd å velge å ikke sette opp mål og budsjett for økonomien sin. Se for deg at du skulle kjøre bil fra Bergen til Moskva og du fikk spørsmål om du ville ha navigasjon i bilen eller ikke. En bil med navigasjon blir i denne sammenhengen som en person med budsjett for økonomien sin. Det er i grunnen helt åpenbart at vi bør ha et personlig budsjett – og det skal altså ikke all verden til for å få det på plass.

Bankene har i dag gode løsninger for å sette opp personlige budsjett, men du kan gjøre dette helt på egenhånd også, ved å se på kontoutskriftene dine for de siste månedene og finne ut hva du faktisk bruker på ulike ting. Ta så noen valg basert på om forbruket er unødvendig, viktig eller nødvendig og sett opp hvordan du velger at forbruket ditt skal være fremover i tid. Hva velger du å bruke penger? Vær bevisst på hvorfor du velger å bruke pengene dine akkurat slik.

Budsjettet ditt bør være lett tilgjengelig, slik at det kan virke som en påminnelse og rettesnor i det daglige – det er jo nettopp dette som er mye av hensikten med budsjettet i utgangspunktet. Det er ikke som valgløfter, som bare til en viss grad er tenkt gjennomført – det er ditt eget styringsverktøy for å hjelpe deg å oppnå akkurat det du har bestemt deg for at du ønsker å oppnå.

## JAKTE MULIGHETER

DET Å KONSTANT VÆRE PÅ JAKT etter muligheter, alltid være åpen for nye idéer og innfallsvinkler – dette er egenskaper som går igjen hos svært mange av dem som gjør det godt her i livet. De fleste som har mange penger i dag, har faktisk bygget seg opp på egenhånd. De har ikke arvet fra en rik onkel i Amerika eller noe slikt, men tatt grep for å bygge verdier fra bunnen av.

Gamle penger og det å arve resultatet av andres innsats, gjelder bare noen få. Mange bedrifter som var verdifulle en gang i tiden, er for lengst avviklet og borte. Bedriftene som tåler tidens tann, er de som evner å tilpasse og utvikle seg i takt med omgivelsene. Alt annet er i bevegelse, så en bedrift i stillstand, vil etter hvert bli utdatert og uinteressant, helt til den ikke lenger har livets rett. Det er ikke helt ulikt med verdier heller; de må forvaltes på fornuftig vis, ellers forvitrer de.

Vi har ikke gått inn på forvaltning av verdier enda. Hittil har vi hatt fokus på hvordan vi i det hele tatt skal få kommet oss ovenpå, ved å ta kontroll over pengene våre, blant annet gjennom styring av forbruket. Om en bærer med seg en grunntanke om at hver enkelt person er sin egen bedrift og sin egen merkevare, gir dette gjerne litt retning i forhold til hvordan en skal gripe tingene fatt. Kanskje kan du leie ut et rom i leiligheten din? Kanskje sitter du på informasjon eller en idé som kan bidra til at bedriften du jobber for kan utvikle seg og få frem nye produkter og tjenester?

Om du kan noe eller har noe som andre er villige til å betale for, kan du selvsagt også starte for deg selv – enten i kombinasjon med, eller i stedet for eksisterende jobb. Enkelte tar sats, brenner alle broer og kaster seg hodestups i kast med nye utfordringer. Folk er forskjellige, men de fleste av oss er en smule mer trygghetssøkende. Om du har noe du ønsker å gi deg i kast med, bruk de samme prinsippene som vi har snakket om tidligere i boken. Finn først ut av hva er det du ønsker å gå i gang med. Deretter må du vite hvorfor, hvordan og når. Dersom du ikke er singel og enerådende i tilværelsen, bør dette avstemmes med dine aller nærmeste. Med tanke på hva de rundt deg kan tenke og mene om ting, er det langt fra sikkert at de vil dele din entusiasme. Det er viktig å ha noen du kan sparre med, noen du kan tenke høyt sammen med. Om det ikke finnes noen slike i din biologiske familie, finn frem til noen som kan være støttespillere i det du ønsker å gi deg i kast med.

Kanskje er tanken god og mulighetene store, mens det å gjennomføre planen vil kreve penger? I så fall er det grunn til å justere budsjettet ditt. Det kan være fristende å hente inn investorer helt tidlig, slik at en i det hele tatt kan få kommet seg i gang. Iblant kan nok dette være riktig, men stort sett er det slik at en må gi fra seg svært mye av idéen, eller eierskapet til idéen, om en velger å hente inn andres penger i en tidlig fase. Stort sett vil det være lurt å sette av penger til å kunne gjennomføre idéen på egenhånd. Dersom hele idéen strander på at du ikke er i stand til å tenke ut et hvordan, en plan for hvordan du skal få gjennomført den, da er kanskje planen for ambisiøs? Om planen din er å få utviklet et IT-system som skal løse et eller annet viktig problem, kan en løsning være å hente inn et knippe kunder allerede før utviklingen tar fatt – om du slipper dem til for en rabattert pris, kan det tenkes at de går inn og finansierer utviklingen, uten å kreve noe eierskap i det hele tatt. Det er mange måter å løse dette med finansiering på, men ofte vil det være slik at du selv må være villig til å investere penger i idéen din. Om ikke du er villig til å investere egne penger, hvorfor i all verden skal da andre være villige til å investere sine? Vanligvis vil de være interessert i å få vite hvordan du selv forholder deg til idéen – hvor villig du selv er til å satse på den.

Sparing i seg selv er kanskje ikke et mål, men når sparingen får en hensikt, da blir den med ett svært nyttig. Kanskje var det nettopp fordi du lot være å kjøpe nye klær i ett år og sluttet med søtsaker at du klarte å skrape sammen nok penger til å sjøsette idéen din om å starte en egen bedrift? Kanskje kan du, om du tar grep i dag, ha ditt eget selskap med flere ansatte bare et par-tre år frem i tid?

Selv begynte jeg som lærer, men i dag driver jeg flere ulike selskap. Mye av grunnen til denne utviklingen, bunner nok i at jeg er bevisst på å se etter muligheter, områder hvor jeg mener jeg har noe å bidra med. I og med at jeg ser trygghet i å ha flere ben å stå på, er jeg alltid åpen for å se på og vurdere nye muligheter. Dette har ingen ting med manglende tro på det eksisterende å gjøre, men altså en overbevisning om at en står tryggere på flere ben – samt vissheten om at verden er i konstant bevegelse.

Det er ikke alt jeg har involvert meg i som har blitt en suksess. Da jeg jobbet som lærer, var det slik at vi hvert år gikk gjennom det vi hadde av lærebøker, for å finne ut om noe måtte skiftes ut eller fornyes. Et av problemene var at det var mange forskjellige bøker å velge mellom innen hvert enkelt fag. Enkelte var gode på noen områder, andre var bedre på andre. Det optimale hadde vært å kunne velge ulike deler fra de ulike bøkene, for så å sy sammen akkurat den læreboken vi selv ville ha. Dette var noe vi kunne sitte og fabulere om i kollegiet. Da jeg senere begynte å jobbe innen IT og i tillegg studerte IT, kom jeg på et konsept som løste opp i bokproblemet. Sammen med mine brødre og et par andre kjenninger, etablerte jeg selskapet bookIT. Vi klarte imidlertid aldri å komme skikkelig i gang og selskapet ble avviklet. Vi hadde klart for oss hva og hvorfor, men vi manglet et hvordan og et når.

Da jeg for mange år siden skulle pusse opp boligen min, satte jeg sammen selskapet BoBra. Jeg ansatte to litauere der, som begge hadde jobbet i Norge en stund. De var vant med å jobbe svart, men jeg turte ikke ha noen til å jobbe svart på eiendommen min. Jeg hadde en lederstilling i et IT-selskap og ville gjøre ting skikkelig – det ville ikke tatt seg ut å bli avkledd med at jeg hadde fått utført svart arbeid på eiendommen. Derfor satte jeg opp selskapet, slik at alt kunne gå riktig for seg. Målet, mitt hva, var altså å få utført arbeidet på en god og rimelig måte. Grunnen, mitt hvorfor, var at jeg ville at alt skulle gå for seg på riktig måte. Ved at litauerne gikk inn som ansatte i selskapet, kom forsikringer og den slags på plass – i tilfelle noe skulle skje. Litauerne gjorde godt arbeid og det var ikke vanskelig å få nye oppdrag. Måten jeg valgte å styre det hele på, mitt hvordan, var å ta så lite betalt at oppdragene mer eller mindre kom av seg selv. BoBra var noe jeg holdt på med ved siden av jobben min som avdelingsleder i IT-selskapet, så det var viktig for meg at ting gikk på skinner.

Problemet var bare at de ansatte begynte å påta seg en rekke jobber utenom det som gikk gjennom selskapet – dette hadde jeg ikke tatt med i beregningen. Dette førte til at de stilte uopplagte på jobb, noe som igjen gikk ut over kvaliteten på arbeidet de utførte. Resultatet var misfornøyde kunder og jobber som måtte tas om igjen, vederlagsfritt. Oppsettet mitt hadde svakheter – det var basert på at de ansatte stilte uthvilte på jobb og gjorde det de skulle. Løsningen min ble å skaffe de ansatte jobb hos en større aktør, for så å avvikle selskapet. Jeg hadde både hva, hvorfor og hvordan på plass, men de ansatte delte ikke min visjon for selskapet.

I 2009 var jeg med på å etablere et selskap som jeg valgte å overta i 2011. Selskapet var da i ferd med å gå nedenom og hjem, så det var ikke en stor investering å kjøpe ut de øvrige aksjonærene. Det hadde begynt som et lite finansselskap, men da jeg overtok det, endret jeg det til å bli et investeringsselskap – dette var mitt hva. Grunnen til at jeg valgte å overta selskapet, mitt hvorfor, var at jeg ikke delte tankene til mine kolleger, om at gresset var grønnere på den andre siden av gjerdet. Jeg ønsket ikke å flytte på meg, men ville heller bite tennene sammen og overleve der jeg var. Noe av det første jeg gjorde, var å invitere andre med på eiersiden. Selskapet var i ferd med å gå under og trengte kapital for å overleve – dette var mitt hvordan. Selskapet lever den dag i dag og har et titalls eiere.

I mars 2013 fikk jeg med meg at en bankkunde vant frem mot landets største bank i retten. Han hadde tapt et større beløp på et råttent spareprodukt. Sammen med en kjenning, satte jeg sammen en tjeneste for å tilby hjelp til andre som hadde tapt penger på lignende investeringer – dette var vårt hva. Grunnen til at vi gikk i gang, vårt hvorfor, var at vi begge hadde jobbet i finans. Vi kjente godt til denne typen produkter og vi hadde et genuint ønske om å hjelpe folk til å få tilbake tapte penger. Som dem, følte vi oss ført bak lyset og lurt av de som hadde sydd sammen produktene og markedsført dem overfor oss. Tjenesten, som fikk navnet Klagehjelp, ble fra starten av tilbudt fra investeringsselskapet. Dette var vårt hvordan. Ved å gi eierskapet til investeringsselskapet, tok de kostnaden med utviklingen. Jeg var på eiersiden i investeringsselskapet, så jeg ble ivaretatt på det viset. Medgründeren min ble ivaretatt gjennom en raus lønnsmodell. Den nye tjenesten viste raskt at den kunne stå på egne ben og utpå høsten ble Klagehjelp skilt ut som et eget selskap. Det begynte med en idé, men i dag sysselsetter selskapet titalls driftige og dedikerte personer.

Siden 2015 har jeg også brukt tid og krefter på å bygge opp et selskap som investerer i utleieeiendom. I utgangspunktet var det ment som en pensjonssparing for min egen del, men nå er det i ferd med å bli noe mer. Ting er som nevnt alltid i bevegelse og en må innrette seg deretter. Både hva, hvorfor og hvordan kan endre seg over tid – en må bare alltid være bevisst på hva det er som driver en og hvorfor. En må så tilpasse planene for hvordan en skal nå målene sine, i takt med at målene justeres.

Det er svært mye som kunne vært spennende å være med på, mye en kunne brukt tiden og ressursene sine på. Det er viktig å være åpen for nye tanker og idéer, men en må også være på vakt og ikke ta alt for god fisk.

Om vi har et bevisst forhold til hvem vi mottar råd fra og har god kontroll på forbruket vårt, vil sparingen og jakten på muligheter gi resultater. Det kan ligge mange gode muligheter innenfor det nettverket du allerede har og ditt neste bekjentskap er kanskje det som vil gi deg den neste muligheten. Vær våken, åpen og fremoverlent, men sjekk også kildene og referansene – vit at det er mer enn bare ord og fantasier, før du går i gang med noe.

## HVORDAN

**Kritisk positiv**: Jakten på muligheter må selvsagt alltid veies opp mot risikoen for å gå på en smell og de konsekvensene det ville gi. Enda viktigere er det å ikke miste fokus på det som allerede fungerer; det allerede eksisterende og ofte hardt opparbeidede livsgrunnlaget. Det er ikke gull, alt som glitrer og selv om noen har kommet opp med en tilsynelatende god idé, er det langt fra sikkert at det de ønsker å oppnå er gjennomførbart eller at det vil kunne gi lønnsomhet på kort eller mellomlang sikt.

Svært mange satsninger og prosjekter blir igangsatt, uten at en har tenkt særlig på de ulike nedsidene. Det heter seg at den som intet våger, intet vinner, men vi kan ikke overlate suksess eller mangelen på sådan til tilfeldighetene. Før du satser tid, energi og penger på noe, bør du ha en klar forståelse av hva det vil innebære av involvering og risiko – hva er oppsiden og hva er nedsiden? Dersom du ikke forstår, må du enten finne svar eller styre klar. Dersom andre har utarbeidet konseptet, må du likevel være trygg på at du forstår hva det er de ønsker å oppnå, hvorfor, hvordan og når. Om du ikke kan stå inne for argumentasjonen, er det antakelig ikke verd å satse på.

Det blir som å ha en vektskål foran seg, eller et ark delt i to kolonner. En fyller det positive på den ene siden og det negative på den andre. Om vi hadde hatt en slik tilnærming til personlig forbruk, hadde de fleste av oss kunnet foreta en dårlig investering i ny og ne, uten at det hadde hatt så forferdelig mye å si og det er kanskje akkurat der løsningen ligger; nettopp ved å ha fokus på flere aspekter samtidig, lykkes vi i å justere økonomien vår og oppnå en større grad av økonomisk frihet. Alle de små justeringene, de små uvanene som temmes og de nye vanene som kultiveres; det er summen av det hele som tar oss fremover.

En skal være kritisk og positiv på én og samme tid. En skal ikke være redd for å bruke tid på å vurdere muligheter. Etter hvert får en trening i det og en kjenner igjen svakheter og styrker.

**Sparing:** Det er ikke slik at det er en uting å spare. Det er bare det at sparingen ikke bør være et mål i seg selv, den bør være et middel frem mot selve målet. Om målet er økonomisk frihet, kan du velge å nå dit eksempelvis gjennom å vurdere nye muligheter, skape nye inntektskilder, eller ved å supplere den eller de inntektskildene du allerede har. I denne konteksten kan sparingen absolutt komme til sin rett, ved å bli en del av ditt hvordan og dermed helt avgjørende for at du skal kunne lykkes med å nå målet ditt.

Fra barnsben av, har vi lært om viktigheten av å spare, men det var ingen som fortalte oss at sparingen bare er et virkemiddel og at vi gjennom å investere i supplerende inntektskilder gjerne kan nå målene våre både sikrere og raskere. Det er først da sparingen bidrar til å løfte oss inn i nye sammenhenger.

# DEN BESTE INVESTERINGEN

**DEN VIKTIGSTE** og aller beste investeringen du kan foreta deg, er selvsagt å investere i deg selv. Sørg for at du bruker tid og ressurser på å lære deg å mestre de ferdighetene som er viktig i den jobben du har. Sørg for å bli en bedre utgave av deg selv, slik at du kan lykkes enda bedre der du allerede er.

Deretter, bygg de ferdighetene du mener er viktige for de satsningene du kunne tenke deg å engasjere deg i.

Ta deg tid til å se deg rundt, for å finne frem til de du ønsker å lære av. Velg deg gode læremestre – de trenger ikke vite om deg en gang; det viktige er at du har valgt dem, fordi du mener de har noe å tilføre deg. Når du ikke har mer å lære fra dem, velg deg nye.

En bok om pengestyring og personlig økonomi, kan i utgangspunktet være uendelig lang og det finnes sikkert utallige bøker som overgår denne på alle sett og vis. Denne boken er bare ment som en liten input, et hint, som du kan ta med deg i arbeidet med å kontrollere og bygge din egen økonomi.

Om du fant den nyttig og mener at den inneholdt ett og annet som du kan ta med deg og ha glede av – gi meg gjerne et vink.

Facebook: Dag Rune Flaaten
Instagram: #dagruneflaaten
Mail: post@dagruneflaaten.no

Lykke til!

www.ingramcontent.com/pod-product-compliance
Lightning Source LLC
Chambersburg PA
CBHW070314230526
45470CB00002B/870